Mahdollinen ja mahdoton rakkaus

Hannu Virta

Runollisia pohdintoja rakkauden mahdollisuuksista

21 vuosisadalla

Kansikuva Johanna Joensuu

Kustantaja: BoD – Books on Demand, Helsinki, Suomi

Valmistaja: BoD – Books on Demand, Norderstedt, Saksa

9 789528 045366

Why falling in Love?

Why nor lifting it up ?

Mahdollinen ja mahdoton Rakkaus

Rakkaus ja rakastuminen.

Kevät ja herääminen.

Kuinka kauniilta se näyttääkään elokuvissa

kun monien mutkien kautta lopulta

päädytään vihille

ja kaikki päättyy

Mendelssohniin...

Todellisuus

alkaa kuitenkin vasta

elokuvien kuvaamasta lopusta.

Vasta todellisuus

ja sen kohtaaminen yhdessä

testaavat

Aidon Rakkauden.

Aito rakkaus

Ei rakkaus mihinkään katoa.

Ei se hylkää.

Ei sitä myöskään voi omistaa

Tai menettää.

Se ei ole sijoituskohde.

Rakkaus on energiaa.

Elämän Voima.

Se voi yhdistää

Kaksi hyvinkin erilaista ihmistä.

Tarvitaan yhteinen tahto

Yhteyteen.

Ilman rakkautta

Olemme kuin

Kaksi pimeällä merellä seilaavaa laivaa

Vältellen törmäystä.

Ohittaen toisemme

Turvallisen välimatkan päässä.

Näin voi käydä.

Aito rakkaus

Yhdistää

Aina oikealla tavalla.

Maailma elää

Maailma elää ja muuttuu.

Junat, lentokoneet ja laivat kulkevat.

Vaan tärkeimpiä ovat he,

Jotka kulkevat vierelläsi.

Tanssilavalta tantraan

Etsin Sinua.
Kesäisen tanssilavan liukkaalla lattialla
vielä melko haparoivin tanssiaskelin
paikallisen orkesterin soittaessa tangoa
"Kaukainen ystäväin",
törmäsimme
palmuksi naamioituun pilariin.

Eihän siinä onneksi pahemmin sattunut
kummallekaan,
mutta korvat punottaen
saattaessani hämmentynyttä partneriani
lavan naaraspuolelle
huomasin, että
eivät nyt vain
askelet sopineet yhteen.

Sitten savuisen baarin tiskillä
kun valomerkki jo lähestyi
kohtasi kaksi kaipaavaa
ja päätyi yhteiseen majapaikkaan.
Yksinäisyys tuntui hetkeksi
irrottavan otteensa
mutta jo aamulla
eri suuntiin kulkivat tiet.

Kaipaava Kaihomieli
etsi Laakson Liljaa.
Treffeille saapui kuitenkin
kaksi keskeneräistä yksinäistä sielua
jotka traumojaan toisilleen jakaen
lopulta päätyivät toteamaan,
että ei tämäkään tie kovin pitkälle johtanut.

Aina oli jotain,

joka tuntui olevan

vähän sinne päin,

mutta ei kestävää yhteistä polkua.

Joskus minuakin etsittiin.

Joskus jo näytillekin vietiin

ja polku näytti selkeältä.

Sitten taas kylmät jalat

tekivät täyskäännöksen,

ja vähitellen

alkoi löytyä toisesta vain vikoja,

jotka erottivat yhteisestä onnesta.

Kun jo olin valmis luovuttamaan,
Universum opasti
yllättäen ja hämmentäenkin
maailmaan Tantran ja Taon.
Näiden kautta aloin nähdä valon.

En voinutkaan kohdata Sinua
jos etsin vain
kainalosauvaa tai paimennettavaa.
Palapeleistä tuli aina jotenkin sekavia.

Vasta kun pääsin selville
omista traumoistani ja tarpeistani,
eikä enää ollut välttämätöntä löytää,
sain aavistuksen Sinusta,
kokonaisesta naisesta.

Silloin olin valmis
kohtaamaan Sinut

Kuoret kuin vuoret ihmisten välillä

Monenlaisten kuorten sisältä
yritin löytää sinua.
Moni kaunis kuori
oli kuitenkin sisältä jotain muuta.
Joskus taas vasta ajan kuluessa
hyviäkin yllätyksiä löytyi.

Aina kuitenkin tuntui
kuin jotain oleellista puuttuisi.
Yhteys ei kestänyt
tai sitä ei syntynyt juuri ollenkaan.
Toisaalta yhteys oli aina mahdollinen,
mutta kun sille oli tietynlainen sapluuna,
jo yksi harmaa maanantai riitti
tuhoamaan illuusion .

Kasvot vaihtuivat

ja vartalot.

Rakkaus ja pelko

kamppailivat elintilasta.

Liian usein pelko voitti

ja pääsi lisääntymään.

Kunnes kynnys uuteen

ja kehittyvään suhteeseen

lakkasi tuntumasta mahdolliselta.

Näinkö aina meille täällä käy?

Kyseli neiti Benton.

Ohi kuljemme toisten

ja toisiin takerrumme epätoivoissamme.

Etsiessämme Rakkautta,

joka kuitenkin on energiaa,

eikä taivaanrannalla siintävä

sateenkaaren pää.

Kuoret kuin vuoret
ihmisten välillä.
Tämän ikäisillä
jo niin paljon varaumia
uusien ihmissuhteiden aloittamiseen,
että varaumista muodostuu
helposti suhteiden sisältö
kun niihin lopulta ajaudumme.

Symbioosi

Symbioottinen rakkaus
voi tuntua ensin aivan ihanalta.
Kuin olisi löytänyt puuttuvan osan,
joka ennen erotti maailmanyhteydestä.
Jokainen solu tuntuu sykkivän halua
liittyä juuri tämän ihmisen kanssa
koko maailmankaikkeuteen.
Muita ei tarvita
Vain me kaksi.

Kaksi ihmistä voikin löytää

toistensa kanssa

ja toistensa kautta

yhteyden

joka ravitsee molempia,

mutta juuri kun olemme uskomassa,

että tämä rakkaus kestää,

alkaa hiipiä epäilys

jommankumman

tai molempien mieleen

ja symbioosi alkaa purkautua.

Symbioosi ei voi kestää

jos se perustuu takertumiseen

sillä maailma elää

ja takertumalla menetämme otteen siitä.

Estetiikka, etiikka ja erotiikka

Rakkaus voi liittää toisiinsa
hyvinkin erilaisista lähtökohdista tulevia.
Miksi joidenkin kanssa tunnemme
euforista yhteyttä
ja toiset suorastaan kuvottavat meitä?
Ja vielä niin,
että joskus tästä kuvotuksestakin
voi seurata kiinnostus?
Rakkaus ja ihastuminen ovat
elämän mysteerejä,
joita ei ehkä kannatakaan
liian tieteellisesti pohtia.
Hyvä kuitenkin olla tietoinen
tietyistä lainalaisuuksista.

Jotta voisimme kohdata
samalla sivulla,
täytyy meidän kokea samaa elämän kirjaa.

Kääntämällä sivuja yhdessä
olemme päässeet yhteyteen.
Joskus kuitenkin
juuri uuden sivun kääntäminen
voi olla se vaikein juttu.

Estetiikka, etiikka ja erotiikka.
Näillä alueilla kohtaaminen on jo hyvä alku.

Eros, Philos, Storge ja Agape

Minulle on edelleen suuri mysteeri,
miksi pidän kreikkalaisesta musiikista.
Rembetika on tavallaan kreikkalaista bluesia.
Laiki taas kansanmusiikkia – usein kaihoisaa.
Bouzoukilla taas on soittimena kyky
välittää samalla iloa ja surua
lähes samanaikaisesti.

Olenko ollut jossain edellisessä elämässäni
Diogenes – ensimmäinen kosmopoliitti,
vai satamahampuusi,
jonka elämän sisältönä on ollut
etsiä hetken nautintoja
Piraeuksen satamasta?
Vai molempia eri aikoina…

Eros on ensimmäinen kreikan kielen sana,
joka tulee mieleen rakkaudesta.
Tämä roomalaisten Amoria vastaava Rakkauden Jumala
oli itse asiassa pikku veijari,
joka sai ihmiset rakastumaan
eroottisessa mielessä

Philos taas merkitsee syvempää rakkautta,
joka voi kohdistua vaikka tieteisiin
tai pelkästään johonkin ilmiöön.
Se on omistautuvaa rakkautta,
joka tietysti voi ystävyyden muodossa
elää myös ihmisten välillä.

Storge on kiintymyksellistä rakkautta,
joka toimii vaikkapa perheiden sisällä.
Yhdessä selviytyen
elämän tiellä.

Ylin on kuitenkin *Agape*

jumalainen rakkaus,

joka on pyyteetöntä

ja kaiken kattavaa.

Ei kerjää, ei vaadi,

Ei myöskään petä.

Uskonnoissa sille annetaan nimiä,

vaikka kysymys on energiasta,

joka pitää koossa Universumia.

Onnellinen hän, joka ihmissuhteessa

voi kokea nämä kaikki.

Yksikin silti jo auttaa elämässä.

Elämä kantaa Rakkauden siivin.

Kestävä rakkaus

En pidä mahdottomana,

että jo parivuotiaana

päivähoitopaikassa alkanut

yhteys,

voisi kehittyä elämän kestäväksi rakkaudeksi.

Kyllä sellaistakin varmasti tapahtuu.

Yleisempää silti lienee,

että kasvamme rakkauden kokemukseen

erilaisten suhteitten kautta.

Monet niistä ovat

puhtaasti hyväksikäyttösuhteita,

joissa etsitään toisesta

puuttuvaa osaa.

Niinpä ne päättyvätkin helposti

kun ensi hehku on laantunut.

Rakkauden rampauttamia
vaeltaa suuri joukko keskuudessamme.
Jätämme ja tulemme jätetyiksi,
vaikka juuri rakkaudesta etsimmekin
turvasatamaa elämän kolhuille.

Tunteet hallitsevat
ja Hollywoodin välittämä kuva rakkaudesta
unohtaa kertoa, että tangoon tarvitaan kaksi
ja viikonpäiviä on seitsemän.
Hetken hurmio voi tuntua ihanalta,
mutta kestävä rakkaus on jotain muuta(kin).

Onko kestävä rakkaus edes mahdollinen
kahden erilaisen ihmisen välillä?

Jokainen kuitenkin
käy läpi omaa kasvuprosessiaan
ja samalla sykkeellä kasvaminen
lienee melko harvinaista.

Kohtaanto-ongelmia
tulee kaikissa suhteissa.
Tai sitten ne voi kokea haasteina,
jos ei etsi pelkästään helppoa tietä.
asioiden kohtaamattomuutta
ja niin ollen
myös monien mahdollisuuksien ohittamista.

Rakkaus voi valaista kahden ihmisen polun,
jos molemmilla on siihen valmius
ja rohkeus.

Tarinoita

Siitä lähtien
kun tuli keksittiin,
ja ihmiset alkoivat kerääntyä
sen lämmön ympärille.
Silloin tuli tavaksi kertoa tarinoita.

Elämää suuremmiksi
niitä alettiin nimittää
kun Hollywood kaupallisti ne.
Tarinoissa oli ensin
johdanto ja esittely.
Sitten vaikeuksien kautta onneen.
Tai sitten vain muuten päätökseen.
Tarinoiden henkilöt sijoitettiin rooleihinsa
ja tapahtumien kulku oli yleensä
helposti ennalta arvattavissa.
Tätä alettiin kutsua viihteeksi.

Viihdettä se onkin
eikä juuri muuta.
Ajanvietettä
niin, että elämä tuntuu selkeältä
ja helpolta.
Ehkä se joillekin voi ollakin,
mutta prinssit ja prinsessat
ovat harvassa todellisessa maailmassa.
Tarinat vievät meidät pois
arkipäivästä,
joka niiden kautta alkaa tuntumaan
harmaalta ja merkityksettömältä.
Kuitenkin juuri arkipäiväiseen elämään
voi sisältyä elämän mielekkyys,
jonka helposti kadotamme
yrittäessämme löytää
Sateenkaaren Päätä
ja siellä odottavaa Aarretta.

Sen sijaan, että nauttisimme

Elämästä sellaisenaan,

alamme helposti etsimään

jotain Elämää suurempaa.

Se on kuitenkin aina tavoittamattomissa.

Fata Morgana.

Unelmat voivat tosin olla kauniita,

mutta niissä ei voi elää.

Vain niiden toteutus

saattaa vapauttaa oikeat energiat.

Silloin voimme kirjoittaa itse omat tarinamme.

Hetket

Viikon arkipäivät töitä.
Perjantaisin tien päälle
ja sitten kuin toiseen maailmaan
Sinun luoksesi.

Ja aina se yhteinen aika
kului nopeasti.
Etäsuhteen kautta
yhteiset hetket
täynnä odotusta.
Joskus täyttymystä,
joskus taas myös pettymystä.

Näin se kulki pitkään.
Kuin kahdessa maailmassa elämistä.
Sinun kanssasi ja sinua ilman.

Ja ne väliajat
emojien ja sanojen liittäminä.

Yhteys voi olla kaunis
etäältä.
Joskus etäsuhde toimii hyvinkin,
mutta usein myös luo välille
tyhjiä tiloja,
joita levoton mieli täyttää.
Ilman luottamusta
helposti mielikuvia,
jotka vievät mustille vesille.
Missä olet? Mitä teet? Oikeasti…
Ja vähitellen mielen täyttää epäilys.
Kaipaus niihin hetkiin,
jotka tulevat ja menevät.
Ja epävarmuus
kun suhde ei ole vielä edennyt
aidon tuntemisen tasolle.

Voi siinä käydä toisinkin.

Aito rakkaus yhdistää

silloinkin kun ei ole fyysisesti läsnä.

Yhteyden voi tuntea

vaikka valtameren yli.

Ja moderni teknologia

on tullut avuksemme

näissä asioissa monella tavalla.

Skypettämällä voi nähdä ja kuulla.

Vain kosketus puuttuu.

Parempi sekin silti

kuin arvailu ja oletukset.

Hetket, yhteiset.

Elämän kauniit kukat.

Vetovoiman lait

Universumin kannalta
ja lajin säilymisen näkökulmasta
rakkaus on triviaalia.

Olennaista on
oikeiden geenien yhdistyminen
terveen ihmisyksilön synnyttämiseksi.

Niinpä vetovoima syntyykin
usein hyvinkin erilaisten ihmisten välille
jotta mahdollisimman monenlaiset geenit
voisivat vahvistaa syntynyttä elämää.

Näinhän luonto toimii muuallakin.
Urokset pörhistelevät
ja naaraat kaunistautuvat
kutsuakseen luokseen
sopivia geenejä.

Eros – tuo veijari
voikin liittää toisiinsa
muuten hyvin erilaisia ihmisiä.

Kun himo hiipuu
ja vetovoima laantuu,
näyttämöllä kohtaa toisensa
kaksi hämmentynyttä ihmistä.
Vasta silloin astuu kuvaan rakkaus.
Tai sitten ei.
Kun emme enää tarvitse kumppania suvunjatkamiseen,
mihin sitten tarvitsemme häntä?
Kumppaniksi?
Lasten huoltajaksi?
Ja kuinka ollakaan,
juuri siinä vaiheessa
helposti näemme vikoja vain toisessa.
Ja suurin odotuksin alkanut liitto
alkaa hajota.

Se, mitä olemme tottuneet nimittämään rakkaudeksi,

voikin olla jotain muuta.

Etsimme itsemme täydentäjää,

kuten geenien yhdistämisessä.

Rakkauden maailmassa

vastakohdatkin voivat

toki täydentää toisiaan,

mutta vasta kaksi kokonaista ihmistä

voi kohdata toisensa täydesti.

Tarpeiden tyydyttymisen jälkeen

voi tulla tyhjyys.

Post coitum animal triste.

Rakkaudessa

täyttymys kuitenkin lisääntyy.

Uudet tiet johtavat uusille teille.

Maailma aukeaa sateenkaaren väreissä

mahdollisuuksina,

jotka yksin jäävät vajaaksi.

Ei ihmisen ole hyvä olla yksin.

Toisaalta huonossa suhteessa

voi olla vielä enemmän yksin,

jos se perustuu

hallitsemiseen ja kahleisiin.

Vaikka kahleet olisivat kultaisiakin.

Rakkaus on universaalia energiaa.

Sen tunnistaa kun sen löytää.

Raamatun Korkea Veisukin

vannottaa olemaan kiirehtimättä sitä,

sillä se on kasvava voima,

joka parhaimmillaan ravitsee ja valaisee

kahden ihmisen elämää.

Toki useammankin,

sillä rakkauden säteily synnyttää sitä lisää.

Rakkaus on ihmisenä olemista.

Ihminen ihmiselle ihminen.

Halua jakaa tämä elämämme

rakkauden energialla.

Katharsis

Siinä hetkessä,

kun Universum oli järjestänyt

tapaamisemme,

monet padot murtuivat.

Suru,

joka oli kaivertanut

haavan sydämeen,

alkoi vähitellen löytää

uutta muotoa.

Kyynelkanavat aukesivat

puroksi ensin

ja sitten ajatusten tonavan kautta

valtamereksi,

joka ensin tuntui nielaisevan

aaltoihinsa.

Silloin oli aika oppia uimaan.

Elämä on energiaa
ja tunnetta.
Niiden kautta koemme
kukin tavallamme
todellisuutta.

Joskus kaikki tuntuu vain kaatuvan
ja voimattomina vain seuraamme,
miten monenlaista tapahtuu ympärillämme.

Miksi tämä tapahtuu juuri meille?
Ja kuitenkin
nämäkin kokemukset ovat
kuin portteja
uusille askelmille.
Kunhan maltamme
rauhoittaa mielemme.

Vesi puhdistaa

Raikas ilma tuulettaa

ajatuksiamme,

jotka niin helposti takertuvat

asioihin, jotka vain jumittavat mielemme.

Katseet, eleet, kosketukset.

niiden kautta liitymme

Universumin energiakenttään.

Sanat joskus yrittävät kuvata

tunnetiloja,

mutta vasta yhdessä ymmärrettyinä

niissä on voimaa.

Elegia menneelle elämälle

Niin monet polut,

joille eksyin

etsiessäni Tietä,

johdattivat kuitenkin

tähän hetkeen.

Ei aina niin

kuin olisin toivonut ja halunnut,

mutta jollain universaalilla vääjäämättömyydellä

juuri niin

kuin pitikin käydä.

Ja

joka tapauksessa,

tässä ollaan

nyt.

Iloa ja surua
Monta hukattua hetkeä,
jotka eivät tule takaisin.
Olisinpa…
Maailmalle kadonneet ystävät,
mutta myös ne,
jotka tuottivat tuskaa.
Joskus ihan tahallaankin
purkaen siten pahaa oloaan.

Katharsis.
Puhdistautuminen.
Anteeksiantoja.
Unohtaa ei tarvitse.
Vain löytää puhdistuksen tie.
Oikeat energiat.
Negatiivisuus syö meitä
kuin ruoste auton peltiä.

Joskus kuitenkin on hyvä pysähtyä hetkeksi.

Antaa kaiken tulla

ja mennä.

Sen jälkeen

edessä on tie.

Joskus auraamaton

tai kivikkoinen,

mutta kuitenkin juuri se tie,

joka kutsuu meitä niin voimakkaasti,

että pelotkin voi voittaa.

Rakkaus ja pelko

aina vastakkaisilla puolilla,

mutta niiden välissä on Elämä.

Sitä olemme tulleet tänne elämään.

Johdatus

Jumalan henki
vai Universumin voima?
Jokin meitä ohjaa ja hallitsee
etsiessämme elämälle suuntaa.

Ihmiset ja tapahtumat
tulevat ja menevät.
Ne ihmiset,
joista välitämme
ja jotka välittävät meistä,
jäävät.
Ystäviksi, rakastetuiksi,
kumppaneiksi.
Monet muut tulevat
viestittämään jostain,
opettamaan ja ohjaamaan
oikealle tielle.

Joskus juuri silloin

kun tarvitsemme ohjausta.

Muitakin tulee.

Joskus mieltämme hämmentämään.

Kunnes taas pääsemme

takaisin Tielle.

Elämä kantaa.

Rakastutaan

Rakastutaan

ja pakastutaan.

Kun kukkulalle on kiivetty

ja lentoonkaan ei pääse.

Matkalla

ja jokaisen päämäärän jälkeen

täyttymys,

jonka jälkeen tyhjyys,

mutta matka jatkuu.

Kuin vuoristorataa

huvipuistossa.

Seikkailua ja jännitystä.

Romantiikkaakin

elämän sisällöksi.

Tietenkin parempaa yhdessä koettuna.

Elämä on energiaa

ja tunnetta.

Rakkaus elämään

kutsuu rakkauden energiaa.

Ja kun samalla sivulla kohdataan

elämän kirjassa,

tuntuu hyvältä vaeltaa

yhdessä.

Tiet

Vanhat tiet

kiertävät ympyrää.

Uudet tiet

johtavat

uusille poluille.

Tosi rakkaus

Aito rakkaus

ei ole vain seksiä tai yhteistä kemiaa.

Ei pelkkää ystävyyttä ja sielujen sympatiaa.

Se on yhteyttä,

joka ravitsee

ja liittää meidät

koko Universumin energiakentille.

Kun kaksi ihmistä

liittyy yhteen

ja silti säilyttää eheytensä

ja yksilöllisyytensä,

syntyy yhteys, jossa ei ole eroa sillä,

mikä on minun ja mikä on sinun

ja silti säilyy oma eheys.

Moni ei usko sen mahdollisuuteen.

Siksi onkin niin hankalaa löytää

kumppani jakamaan sellaista rakkautta.

Rakkautta,

jolla ei ole alkua tai loppua.

Joka vain on.

Kun sen on kerran kokenut,

on vaikeata enää tyytyä vähempään

Tämä elämä

Elämäni tämä
ei ole vain
parempiosaisten elämän jämä.
Elämäni tämä
on ihmisen osa
itseni ymmärtämä.

Ei enempää
ei vähempää.
Kyltymättömyys
rakentaa ahdistavan tilan,
jossa mikään ei ole tarpeeksi.
Ja sitä olemme oppineet kutsumaan
taloudelliseksi kasvuksi.

Pyramidin huipulla

aina vain enemmän lisäarvoa

ja kuitenkaan mikään ei kasva

paitsi jäte ja tuhoutuneen luonnon määrä.

Elämän tarkoitus

ei ole vähemmistön kyltymättömyyden palvelu.

Elämän tarkoitus

on elämä itse.

Luonnon monimuotoisuudessa.

Kokemuksia

Kirkuvina ja avuttomina
synnymme tälle planeetalle.
Elämän käyttöohje
puuttuu äitiyspaketista.
Niinpä joudumme opettelemaan itse
selviytymisen taidon.

Eihän siinä mitään,
alkeellisimmatkin elämänmuodot
joutuvat löytämään paikkansa.
Ihmisellä vain on tämä kirottu mantelitumake,
joka saa meidät helposti kuvittelemaan
olevamme jotain muuta
kuin osa universumin kehityksen jatkumoa.

Niinpä sähläämme ja tuupimme

niitäkin, joista oikeasti välitämme

puhumattakaan niistä "muista",

joista emme halua välittää.

Maailmankaikkeuden kannalta

ei ole muita.

Olemme vain me,

jotka olemme vastuussa

tästä planeetasta.

Tarpeeksi vai aina enemmän ?

Kuka voisi sanoa

ja määritellä,

milloin on tarpeeksi?

Milloin olemme saavuttaneet

sellaisen onnen,

joka kestää?

Milloin sen tilalle on astunut

kyltymättömyys

ja krooninen tyytymättömyys?

Helposti lähdemme etsimään

Sateenkaaren Päätä

ja täydellistä kumppania

vaikka eläisimme

hyvää elämää

oikean kumppanin kanssa.

Kuka kertoisi?

Kun maailma ympärillämme

vaatii haluamaan

aina vain lisää ja uutta,

miten voisimme löytää

turvasataman,

joka kuitenkin on hyvän suhteen perusta?

Kosminen ikävä

Minulla on ikävä
sinua,
enkä edes tiedä,
kuka olet.

Niin moni on tullut
ja mennyt.
Ehkä oikein
ja oikeaan aikaankin.
Kaikella vain on aikansa.
Ja sitten tulee
uusi aika.

Usein kuitenkin

kaikki loppuu

juuri kun jotain olisi alkamassa.

Kun kaksi ihmistä vain

eksyy toisistaan.

Eikä enää usko

kykenevänsä uudistumaan.

Kuitenkin

joka aamu

on uuden elämän alku.

Nostalgia ei ole minun juttuni.

En kaipaa sitä vanhaa minää,

joka kerta toisensa jälkeen

kulki vanhoja polkuja,

jotka lopulta vain

kiersivät ympyrää.

Uudet polut.

Ja pelko aina kintereillä.

Kuoleman pelko tietysti se vanha veijari,

mutta myös arkuus ja epävarmuus,

sillä koskaan ei voi tietää varmasti,

mitä tapahtuu.

Ja kuitenkin aina tapahtuu jotain.

Odottamatta.

Tai ehkä juuri silloin

kun vähiten odottaa,

jotain uutta alkaakin tapahtua

kuin itsestään.

Niinä hetkinä olen kohdannut usein sinut.

Erilaisten kasvojen takaa.

Ehkä se on ollut sittenkin

vain läheisriippuvuuden jokin muoto.

Jotain, joka vain on etsinyt täyttymystään.

Kaksi unelmaa kohdannut toisensa
ja kuitenkin ihmiset niiden takana
aina vähän eksyksissä.
Hetkiä,
joina Koko Maailma
on tuntunut hetkittäin yhteiseltä
aarreaitalta.
Ja sitten taas
kuin jonkin luonnonlain mukaan
erilleen.
Kosmiseen yksinäisyyteen.

Maailma ympärillä vaatii
etsimään aina jotain
Enemmän.
Suurempaa.
Erilaista.

Kuinka siinä kaksi pientä ihmistä

mahtuu yhdessä rakentamaan

ihmissuhdetta,

jonka pitäisi olla turvasatama,

eikä taistelukenttä ?

Ja kuitenkin

vain kohtaamalla kaltaisensa

lajikumppanin

voi vähentää

sitä kosmista ikävää,

joka on kaikkien depressioiden äiti.

En etsi oikeastaan mitään,

mutta jollain tasolla

entistä valmiimpi löytämään.

Lootin vaimo muuttui suolapatsaaksi
kun katsoi taakseen.
En haluaisi palata taakse minnekään
vaan elää tässä ja nyt.

Sitä, mistä tulen ei enää ole.
On vain tämä hetki ja taas pian uusi.

Ehkä salaisesti kadehdin niitä,
joilla on juuret jossain.
Minulla ei ole kaipuuta mihinkään vanhaan.
Olen kulkenut pitkän matkan tähän päivään.
Matka jatkuu.
Pappa umpihangessa,
mutta
eteenpäin…

Lähellä vaan kohtaamatta

Siinä ihan lähellä
ja kuitenkin monen kysymyksen takana.
Ajan kuluessa
käsittelemättömät asiat
siirretty
hamaan tulevaisuuteen,
jota ei sitten ole tullutkaan.

Ahdistus vain lisääntynyt
ja oletukset täyttäneet tilan,
jossa olisi pitänyt kohdata
kaksi ihmistä.

Aika vie erilleen
kunnes enää ei ole kuin maneerit,
jotka vuosien mittaan ovat tulleet
täyttämään kohtaamistilan.

Ja kuitenkin
kaksi ihmistä etsimässä yhteyttä.
Kohteesta toiseen siirtyen
kun rohkeus pettää
tai tilaisuus puuttuu
lähempään kohtaamiseen.

Samalla sivulla

Kuinka koskaan voimme oikeasti kohdata,
jos fanitat minua
tai vihaat?
Kuinka oikeasti kohtaamme,
jos haluat muuttaa minua
sopivaksi itsellesi ?
Tai toisinpäin?

Ehdollinen rakkaus.
Aina haluamassa jotain muuta.
Ja sen sisällä kaksi ihmistä
etsimässä jotain määrittelemätöntä.

Sen sijaan, että löytäisivät toisensa,

ajautuvatkin vääjäämättä

eksyksiin toisistaan

ennen pitkää.

Ja kaiken taustalla

usko siihen,

että aina on nurkan takana

jotain Elämää suurempaa.

Ensin pitää kohdata itsensä.

Jotkut sanovat,

että pitäisi rakastaa itseään.

Minä sanon, että pitäisi vain rakastaa.

Rakkaus on valinta.

Sitä voi tietysti etsiä tarkalla vaatimuslistalla,

mutta helposti se silloin pakenee,

sillä ei se ole saalis eikä saalistaja,

vaan yhdistävä voima.

Tämän tajuaminen

vaatii joskus uskomattomia kokemuksia,

jotka johtavat moniin kärsimyksiin.

Törmäyksiin

kun kohtaaminen samalla sivulla

ei onnistunutkaan

syystä tai toisesta.

Ja sitten vajoamme epätoivoon.

Menetämme uskomme rakkauteen

juuri kun se kolkuttaa ovella.

Torjumme sen,

vaikka se meille tarjottaisiin kultalautasella.

Sillä sellainen on rakkaus.

Elämän voima.

Ei Hollywood unelma.

Vaan totta joka hetki.

Ei kaukana siintävä tavoite

vaan juuri tässä hetkessä koettava.

Suden hetken oivallus

Aamuyön herkkänä hetkenä,

siinä kolmen ja neljän välillä,

tajusin välähdyksenomaisesti,

että elämässä

ja maailmassa yleensä

kaikki kasvaa ja kuihtuu

aikanaan.

Puutarhassa

perennat ja yksivuotiset

elävät vähän erilaisilla tavoilla.

Perennat nousevat uudelleen

vuosi toisensa jälkeen

kun taas yksivuotiset elävät vain yhden kauden.

Suhteissammekin elämme

kukin tavallamme.

Jokainen suhde tavallaan uniikki.

Eros ja Thanatos
vaikuttavat.
Kriiseistä selviäminen
voi vahvistaa
tai kriisit vain lopettavat
kehityksen.

Huikeaa alkua
seuraa usein suuri hämmennys.
Jos silloin ei synny yhteyttä
ja halua jakaa myös niitä hankalampia asioita,
alkaa vääjäämätön kehitys,
joka johtaa eri teille.

Tai sitten kuten perennat,
aina uudestaan
löytyy yhteinen tahto
jatkaa yhdessä vaikeuksista vahvistuen.

Onnellisia ne,

jotka tällaisen yhteyden löytävät.

Onnettomia ne,

jotka eivät.

Aamuyön hetkenä usein

asiat näyttäytyvät sellaisinaan.

Ilman monimutkaisia tunnelatauksia.

Aamun hektisyys myös usein

vie takaisin vanhoille kaavoille.

Elämä vie.

Yhdessä mukavammin.

Eksyneet

Erilaisten kasvojen takaa
etsin sitä hyväksyntää,
jota en ollut lapsuudenkodistani saanut.
Erilaisten kehojen kautta
hain turvaa,
jota vaille olin jäänyt.

Zeus hajotti ihmisen
mieheksi ja naiseksi
etsimään toisiaan
eri puolille maailmaa.
Vasta yhteydessä
toisiaan täydentäen
kahden ihmisen välillä
elämä voi olla täyttä.

Toista puoliskoamme etsien

törmäilemme

vääriä paloja sovitellen

kunnes löydämme paikkamme

ja se toinen puoli ilmestyy.

Tai sitten vain harhailemme.

Keskeneräisinä.

Meri

Rauhaahan minä tulin tänne etsimään

ja löysinkin

meren rannalta

yhteyden

Universumin voimakenttiin.

Vain muutama sata metriä

meren rantaan.

Kuitenkin avomeri vielä kaukana.

Silti aallot tuovat rantaan

uusia tuulia,

raikasta ilmaa

vaikka maailman toiselta laidalta.

Olen aina mieluummin
asunut lähellä merta
kuin keskellä metsää
tai vaikka vuoristossa,
jonne jotkut haluavat vetäytyä.
Täällä en pakene
vaan liityn maailmaan.

Mielessäni joskus rannalla huhuilen
josko jossain toisella rannalla
kaltaiseni olento
huhuilisi takaisin
Kuitenkin aallot tuovat vain huhuiluni takaisin
eikä laiva tuo ystävää
kuten elokuvissa,
joissa filminauha
kuljettaa ihmisiä
vuorotellen yhteen ja erilleen.

Elämä on tässä ja nyt.

Tänään täällä.

Kuljettanut minut tänne

monia mutkaisia teitä pitkin.

Ja turhaa yrittää etsiä syitä

tai pohtia,

mikä oli hyvää mikä taas ei.

Tästä kuitenkin alkaa aina uusi päivä.

Ehkä jään tänne

pitemmäksi ajaksi,

ehkä lähden huomenna.

Joskus lähden

lopullisesti,

mutta sitä ennen

on hyvä vaeltaa

aina uudestaan

meren rannalle

ja tuntea luonnon läheisyys

ja sen voima.

Melkein

Minä rakastin sinua

Kyllä, ihan oikein.

Ja rakastan,

sillä eihän rakkaus mihinkään katoa,

vaikka siihen osalliset

eksyvätkin toisistaan.

Sinäkin rakastit minua.

Kyllä, ihan varmasti

Sitä osaa minusta, jonka hyväksyit.

Niitä vikoja vain alkoi löytyä

melkein alusta lähtien.

Enhän koskaan väittänytkään

olevani täydellinen.

Enkä vaatinut sitä sinultakaan.

Lähellä,

mutta kohtaamatta.

Tai kohtasimmehan me
monella tavalla.
Vaan aina kun olisi pitänyt
ottaa se seuraava askel
tuli jotain muuta.
Ja samat kaavat toistuivat.
Haave toteutui, melkein.

Sitten kun emme enää löytäneet
tapaa kohdata samalla sivulla
kaikki raukesi
ja syytökset lentelivät.
Ohi tietenkin,
sillä kysehän oli vain
omista tuntemuksista
siirrettynä kumppaniin,
jolla taas oli omat tuntemukset,
jotka eivät löytäneet ymmärrystä.

Ja mihin meni rakkaus?
Se jäi paikalle ihmettelemään
kun jälleen kaksi ihmistä
eksyivät toisistaan.

Samaa kaavaa toistaen
itsekään sitä huomaamatta
kuljemme
yrittäen löytää
jotain sellaista,
jota sitten emme olekaan
valmiita kohtaamaan.

Yllättävä rakkaus
voi tulla kuin puskasta
ja paljastaa haavoittuvaisuutemme.

Rakkauden sisällä

Rakkauden sisällä
In Love,
kuten se englanniksi ilmaistaan,
on hyvä olla.

Kuin takkatuli talvisena iltana
tuulen ulvoessa ulkona
lämmittää
kunhan muistaa
lisätä puita tarvittaessa.
Puu on uusiutuva luonnonvara
kuten rakkauskin.

Niinpä rakkauskin
vaatii huolenpitoa
ja energiaa.

Ulkona kylmää
sisällä lämpö.
Vaan ulkonakin
voi olla
lämmintä,
kun vaeltaa
rakkaus sydämessään.

Myötäelämisen taito

Kun olin mielessäni löytänyt
rohkaisun ja kannustuksen sanoja
vähän sen jälkeen
kun olit maalannut
lohduttoman kuvan elämästäsi,
olitkin jo siirtynyt eteenpäin
ja tajusin,
että tärkeintä onkin
oikeanlainen kuuntelu
ja avoimuus.

Entiset tuttavat ja ystävät
muistavat meidät
sellaisina kuin olimme silloin
kun matkamme oli vasta alussa.

Muistot toki voivat olla kauniita,

mutta niissä ei voi elää,

sillä vain tämä päivä on totta.

Kuinka kaunista onkaan kohdata

samalla sivulla

kuin tantrassa

face to face.

Ja kuitenkin niin vaikeata,

sillä niin paljolla olemme itsemme kuormittaneet.

Tasapainoilua

Jokaisessa ihmisessä
on mahdollisuuksia
hyvään ja pahaan.
Vasta tietoisena molemmista
voimme tehdä tietoisia valintoja.

Hyvä ja paha
ovat myös määrittelykysymyksiä.
Peleissä hyvin käy vain voittajille
vaikka häviäjätkin voivat kehittyä.
Ja kun lähdemme taisteluun
pahaa vastaan,
meistä tulee taistelijoita,
kuten vastapuolikin.

Yhteiseen hyvään

on mahdollista päästä,

mutta silloin elämä ei olekaan taistelua

tai voittajan etsintää

ja hävinneen nujertamista.

Elämä usein kuin trapetsitanssia.

Joskus putoaa,

mutta ylös nousemalla

voi päästä eteenpäin.

Robotti-ihmiset

Jotkut meistä

toimivat kuin Jukebox.

Laitat lantin likoon

ja alkaa soida.

Raha pyörittää paljon

ja joillekin se on

ainoa elämän sisältö

ja arvo.

Ei väliä

vaikka muut jäisivät puille paljaille

kunhan oma tili karttuu.

Joskus olen joutunut oppimaan,

että tällaisten ihmisten seuraa

kannattaa välttää

ovat he sitten rikkaita tai köyhiä.

Voihan se joillekin riittääkin,
että elämä pyörii vain rahalla.

Ja tietysti rahaa tarvitaan,
kuten vasaraa ja naulojakin
silloin tällöin.
Se ei kuitenkaan korvaa
Aitoa rakkautta.

Elämän mittainen matka

Elämä on matka
Maalla, merellä, ilmassa.
Joskus vaikka paikallaan pysyenkin
Uusia maisemia ja kokemuksia.

Jotkut porhaltavat tukka putkella
kohti alati pakenevaa Onnen Maata.
Toiset rakentavat taloja ja linnoja.
Eräille on tärkeätä hamuta tavaraa

elämän sisällöksi.
Jotkut taas jäävät asemaravintolaan
etsimään lasin pohjalle piiloutunutta viisautta,
joka harvoin löytyy.

Elämän matkalla

moni eksyy,

mutta eksymällä voi myös lopulta löytää

hyvää seuraa.

Kumppanin kanssa

matka aina antoisampi.

Ja rakkaus voi valaista

tien

jolla kaksi ihmistä pääsee löytämään

aarteita.

Vieraus

Ensihuuman jälkeen
maanantaiaamu
yhteisessä aamiaispöydässä.
Sinä sillä puolella pöytää
minä tällä
toisiamme tarkkaillen.

Näinkö jälleen
se sama yksinäisyys
kuin ennen tapaamistamme
nostaa jälleen päätään
ja tunne siitä,
että ei tämäkään ihminen
täyttänyt sitä tyhjää tilaa
sisällämme.

Vanhaa ympyrää kiertämään,

jos ei rakkaus

täytä sitä tilaa,

johon etsimme toista ihmistä.

Niin monta kertaa

siinä samassa tilassa

eksyneenä

kaksi ihmistä.

Vieraita toisilleen

ja myös itselleen.

Kuka on tuo,

joka sotkee elämäni tutut ympyrät?

Eikö hän olekaan

se ihana olento,

johon juuri tutustuin?

Rakkaus on piiloutunut
niihin hiljaisiin hetkiin,
jolloin arkipäivä astuu elämään.
Se ei manifestoi itseään
ilotulituksen lailla
vaan hiljaa kuiskaten.
Jos emme kuule sitä ääntä,
ympyrä jatkuu
tuomiten meidät
jatkuvaan yksinäisyyteen.

Vain rakkaus voi voittaa
yksinäisyyden.
Ensin se pitää kuitenkin tunnistaa.
Ja aina haasteellisempaa
on, että sen pitää tapahtua yhdessä.

Kohtaanto-ongelma

Tulin liian lähelle

ja sinä

liu´uit liian kauas.

Emme löytäneet

sopivaa kohtaamistilaa.

Arkuus ja epävarmuus

kohtasivat.

Sellaista sattuu.

Maailmankaikkeus

ei tunne ei-tapahtumia,

joten mitään ei tapahtunut.

Kuitenkin tämäkin

tuotti fyysistä tuskaa.

Eikä kaksi ihmistä halunnut

tuottaa toisilleen tuskaa,

vaan silti näin kävi.

Erilaiset maailmat eivät aina kohtaa,

mutta miten hyvältä tuntuukaan

kun kaksi eri suunnista tulevaa

voivat kohdata

ja löytää yhteisen tien eteenpäin.

Sitäkin tapahtuu.

Eros ja Thanatos

Jokaisessa ihmisessä

-näin uskon -

on mahdollisuus hyvään ja pahaan.

Kyse on siitä

kumpi puoli tulee

paremmin ravituksi

ja huomioiduksi.

Elintilasta taistelevat

Eros ja Thanatos

Rakkaus ja Kuolema.

Rakkaus nostaa meitä.

Tuhon voimat ovat silti

aina kintereillä.

Nuorallatanssia

tämä elämä.

Jossain määrin

ennalta määrättyä,

mutta kun tulemme tietoisiksi olennoiksi,

valinta oikeasta suunnasta

on selvä.

Eri teille

Kun eri tavalla ymmärretyt
sanat ja teot
olivat johdattaneet meidät
erillisille poluille,
hyväksyit lopulta minusta enää
kaukana sijaitsevan osoitteen.

Rakkaus oli jo aikoja sitten
lakannut yhdistämästä polkujamme.
Sen tilalle tullut
jonkinlainen tunteiden välttely
ja vähitellen
lähes pelko
oikeasta kohtaamisesta.

Kerran alkanutta lumivyöryä
ei enää kumpikaan osannut pysäyttää.

Parantava rakkaus

Ei rakkaus tee kipeää.

Kipeää tekee sen kaipaus.

Eri suunnista tulleina

ja kuitenkin samalla energiakentällä

jokin alkoi vetää

meitä molempia.

Älä kiirehdi,

vannotti jo Korkea Veisu.

Tällä kerralla eri tavalla.

Ei ahnaasti

polttaen liekkiä täysillä

vaan hitaasti

juuri niin kuin pitää

ja ilman tarvetta

määritellä ja lokeroida tätä

mihinkään kategoriaan.

Tulit kuin
Suojelusenkelien lähettämänä.
Ja samalla aukenivat myös
monet piilossa olleet tuskat,
mutta oikea Rakkaus
voi hoitaa niitäkin

Arkisen rakkauden ilta

Muistikuva.

Sinä tulit kotiin.

Vähän minun jälkeeni.

Olin siis ehtinyt jo tehdä

illallisen.

Kuulumisten vaihtoa

ja sitten sohvalle.

Television ohjelmakaaviot

jälleen samat

ja maksukanavien skrollaamiseen

liian väsyneitä

molemmat.

Katselen väsyneitä kasvojasi

ja ilman eri sopimusta

päätän hoitaa tiskit.

Ohimennen yhteisiä katseita

ja hipaisunomaisia kosketuksia.

Sitten suihkun kautta makkariin.

Minä vielä korjailen jumittunutta ikkunaa.

Kun tulen perässäsi,

olet jo kauniisti unten mailla.

Katselen levollisia kasvojasi

ja niiden kuvaan nukahdan.

Taidan olla

onnellinen.

Ruusut seinustalla

Ruusut seinustalla
Syvällä lumikasan alla
Kevättä kaikkialla
Mielellä reippahalla.

Kevät on aikaa rakkauden
kun luonto antaa tilaisuuden
Kun on aika uuden
ja kasvun aika tuo kesän ihanuuden.

Ja minä tässä
miettimässä
etsimässä
rämpimässä.

Uutta polkua etsin
Ja mitähän tässä vielä keksin…

Yhteys

En edes yritä
sanoilla vangita
sitä tunnetta,
joka hallitsee
kun Universum
päätti antaa
meidän kohdata.

Balsamia haavoihin
ja taas tunteet
pyrkivät pinnalle.

Kuitenkin tällä kerralla

kaikki on toisin.

Ei tarvetta määritellä

Ei pitkiä lauseita

Ei raameja.

Vain yhteys

samalla sivulla

tässä hetkessä

nyt.

Rakkauden energiakentällä

Sinut tunnistin heti.

Vanhemmiten olen oppinut

että on parempi asioida

vain omien ihmisten kanssa

ja antaa muiden olla rauhassa

omilla sivuillaan.

Rakkauden energiakenttä

avautuu

vilpittömälle

etsijälle tai löytäjälle.

Siellä on

yksinkertaista kohdata.

Ja kun sieltä ammentaa voimansa

voi myös kohdata

ne muut.

Ja oikeasti

ei ole niitä muita

Olemme vain me

Telluksen kansoittamat,

joilla kaikilla vastuu

yhteisestä planeetastamme.

Hyvää

Jätin kaikki suhteet,
jotka perustuivat hyväksikäyttöön,
mutta tangoon tarvitaan silti kaksi
kuten hyvään parisuhteeseenkin.

Hyväksikäyttösuhteilla
on aina "parasta ennen"-päiväys.
Pyyteetön rakkaus
eksyy joskus sinne,
missä sitä ei ymmärretä,
mutta se ei merkitse
sen hyödyttömyyttä.

Hyvää on hyvä yhteys.

Kun poistaa siltä

ne esteet,

joita huonot kokemukset

ovat kasanneet,

voi löytää

Aarteita.

Keväisiä ajatuksia

Lumi narskuu vielä ikävästi
kenkien alla
kun jokavuotinen takatalvi
yllätti taas.

Ainakin joka toinen ajatus sinua.
Missä olet, mitä teet?
Mitä ajattelet?
Yhteys kuitenkin
astraalitasolla.

Kevät etenee kuitenkin.
Valoa aina vain enemmän.
Monenlaisia kohtaamisia.

Ajatuksia,
jotka karkaavat
omille teilleen,
kunnes meditaation avulla
saan kutsuttua
ainakin osan takaisin.

Jossain kuitenkin
Universumin suuri suunnitelma
toteutuu, vaikka ei aina niin kuin haluaisin.

Kohtaaminen

Kun tapasimme
tunsin vahvasti,
että olin kulkenut
nämä koukeroiset polut
juuri tätä hetkeä varten.

Jokainen ihmissuhde
voi nostaa meitä
tai imeä meistä
kaiken energian
antamatta mitään.

Nytkään ei mitään varmuutta
mihin tämä johtaa,
mutta tällä kerralla
taas eheämpänä kuin koskaan
valmis kulkemaan eteenpäin.

Rakkaus pelastajana

Kun meille
uhkailemalla ja kiristämällä
myyty talousjärjestelmä,
(jota pyramidihuijaus parhaiten kuvaa)
on tehnyt ihmisistä sisäisesti rikkinäisiä,
on rakkaus lähes ainoa asia,
joka voi pelastaa
edes osan ihmisyydestä.

Silti siitäkin on tullut
monella tavalla hyödyke.
Kun seksi on irrotettu
rakkauden konseptista
itsekkääksi nautinnonkaipuuksi,
voidaan silläkin käydä kauppaa.

Rakkaus on kuitenkin tässä ja nyt
kun sen vaan onnistumme löytämään.

Ei se mihinkään katoa
vaikka helposti luulemmekin,
että sen voi omistaa tai menettää
kuten jonkun rahasumman.

Kysymys on valinnasta,
mille energiakentälle astumme,
ja millä arvoilla elämme.

Avasit minut

Avasit minut
ja minä sinut.
Tällä kerralla
kaikki kävikin ihan toisin kuin ennen.

Niin luontevaa
kertoa kummallekin
jopa niistä asioista
jotka ennen tuottivat
suurta tuskaa.

Silti
tai ehkä juuri siksi
tälle ei löydy valmista kategoriaa.
Mutta miksi pitäisikään
kun kaikki tuntuu
aidolta ja oikealta ?
Ehkä juuri näin on oikein.

Tunteet tulevat tietysti pinnalle

mutta silti pelkoa ei ole.

Jokaisen kerroksen avautuminen

tuntuu vain helpottavalta.

Tällä kerralla

kaikki tuntuu oikealta

eikä kiirettä minnekään.

Todellisuus

Todellisuus vain on.

Se on myös arvovapaa.

Voit katsella sitä

ylhäältä tai alhaalta,

vasemmalta tai oikealta

tai keskeltä.

Silti se vain on.

Olennaista on silti,

miten siihen suhtaudumme.

Haluammeko parantaa sitä?
Vai haluammeko kieltää sen?
Vai yrittää vääntää sitä

asenteisiimme sopivaksi ?

Silti se vain on.

Niin myös rakkaus

vain on.

Voimme löytää

sen energiakentälle,

mutta häkissä se ei pysy.

Ei edes Kultaisessa.

Rakkauden kerjäläinen

Kun Suojelusenkelini lähetti

luokseni Toivon Airuen,

tarrasin kaksin käsin kiinni

tähän ihanaan olentoon.
En ymmärtänyt,

että kyseessä oli

vain viestintuoja.

Kun menetin hänet,

tuli minusta

rakkauden kerjäläinen,

koska luulin,

että rakkauden voi omistaa

tai menettää.

Huonostihan siinäkin kävi.
Jokainen yritys johti umpikujaan.

Sitten muutin merenrantakaupunkiin.

Vähitellen minulle alkoi kirkastua,

että eihän onni löydy etsimällä

vaan löytämällä.

Täällä minä nyt sitten kyselen

meren aalloilta,

missä lienet ?

Sapiento post eventum

Roihujen ja rovioiden jälkeen
olen havainnut
että suhteen tärkein asia
ei olekaan
sen täydellisen kumppanin löytäminen
vaan se hetki,
jolloin kumppani alkaa näyttäytyä
laajemmassa valossa.

Silloin monen jalat kylmenevät
kun unelmat muuttuvat todellisuudeksi.
Myös valmiudet hyvään suhteeseen
paljastuvat.
Railo kahden ihmisen välillä laajenee,
jos valmiutta ei löydy molemmilta.

Lopulta seuraa hirveä kiista siitä

kumpi on huonompi

ja syyllinen siihen,

että enää ei kohdata samalla sivulla

eikä lopulta edes samassa kirjassa.

Toinen vaihtoehto

on havaita,

että nyt vihdoin voidaan tavata oikeasti.

Pyyteetön rakkaus

Ensi hetkestä lähtien tiesin,

että tämä on erilaista

luonnollisen kaunista ja hyvää.

Silti myös joskus

itkua

ilosta ja surusta.

Balsamia auenneisiin haavoihin,

joita molemmat olemme elämässä saaneet.

Jo heti myös molemmat tajusimme,

että tämä ei taivu vanhoihin raameihin.

Sinä siellä ja minä täällä.

Monia ulkoisia rajoitteita,

mutta yhteys kaunis ja hyvä.

Tässä ja nyt.

Ehkä kaiken pitääkin olla juuri näin.

Tässä hetkessä ja nyt.

Kun ajattelen sinua,

lämmin väreily kulkee lävitseni

ja samalla tunnen yhteyden

koko Universumin kanssa.

Sinä siellä, minä täällä.

Yhteys,

jota ennen en edes tajunnut kaipaavani

läsnä.

Ja kumpikin tiedämme,

että jos lähtisimme yrittämään

sovittaa tätä johonkin

valmiiseen kaavaan,

jotain kaunista voisi kadota.

Jotain sellaista,

joka tekee juuri tästä erikoisen.

Niinpä ajattelen,

että meillä on vain tämä yhteys.

Ehkä valmius siihen on ollut aina sydämessäni.

Ei alkua ei loppua.

Vain yhteys.

Ja meillä on

ajaton rakkaus vailla rajoja.

Tällainen rakkaus

ravitsee ja parantaa

meitä molempia.

Tämä hetki

Kun kohtaa oikean ihmisen
ja tuntuu,
että aika ei riitä kaiken jakamiseen,
tulee miettineeksi,
miksei kohdattu
jo paljon aikaisemmin.

Ehkä kuitenkin
kaikki polut tähän asti
piti kulkea tätä hetkeä varten.
Vasta nyt kokonaan
valmis
uusille poluille.

Epävarmuus kuuluu asiaan.
Pienin askelin…

Kaksi kevättä

Yhtenä keväänä

kun emme malttaneet odottaa

saunan lämpiämistä,

se paloi poroksi.
Ja löylyt jäivät nauttimatta.

Vain kaksi eri suuntiin pakenevaa.

Ystävyys vaatii aikaa

ja luottamusta.

Ennen kaikkea

hyväksymistä ja arvostusta

Molemmin puolin.

Kelpaamista sellaisenaan.

Se on arvokkainta elämässä

aitona.

Toisena keväänä
kuin kukka oraalla.
Epävarmana,
mutta kuitenkin
kaikki kasvun ainekset
pienessä taimessa.
Uuden kasvun aika.
Kevät.
Aina uusi tilaisuus.

Kyllä sen tuntee...

Rakkaus

Kun yrität laittaa sen häkkiin,

se karkaa.

Kun yrität etsiä sitä,

joudut kadoksiin itsestäsi

Kun pelkäät menettäväsi sen,

olitkin etsinyt vain hyväksyntää

Rakkaus

Se vain on

Kyllä sen tunnistaa kun se on aitoa.

Rakkautta on…

Monia tapoja ilmaista

rakkautta.

Timanttisormus tai kukkapuska.

Litania kauniita sanoja.
Tai sitten vain

kulttuurista riippuen vaikkapa:

"Oletko syönyt?"

Joku kaipaa kauniita sanoja.
Toinen taas oikeanlaisia kenkiä.

Kuinka tunnistaa oikeanlainen kumppani?

Kai sen pitää olla lähinnä omanlainen.

Näyttelyesine ja rahasäkkikin

voivat olla match

ainakin hetken aikaa.

Minä en enää lähde mukaan
kuin tasaveroisiin suhteisiin.
Ne muunlaiset on jo kokeiltu.
Kun tuntuu hyvältä
silloinkin kun tuntuu pahalta
ja on yhteys
samalla sivulla.

Lähteellä

Kun on pitkään matkannut
ja saapunut Hyvän Energian Lähteelle.
on paljon mahdollista,
että löytää sieltä kaltaisiaan.

Siitä eteenpäin
tuntuu hyvältä matkata
yhdessä kumppanin kanssa.
Jos tämän kumppanin hyvinvointi
on yhtä tärkeä kuin oma,
voi retkestä tulla antoisa molemmille
ja sen varrelta löytyä aarteita,
joita Universum meille tarjoaa.

Hyvällä energialla
voi löytää aarteita vaikka joka päivä.

Yhdessä jakaen
ne tuntuvat aina paremmilta.

Tällaista energiaa voi kutsua rakkaudeksi,

mutta ihan hyvin muutkin nimitykset kelpaavat.

Tärkeintä on,

että se tuntuu hyvältä ja oikealta.

Rakkauden talo

Kun rakennamme
ja sisustamme
Rakkauden Talon,
siellä on hyvä asua
yhdessä.
Sinä
minä
ja rakkaus.

Lämpö tulee läheisyydestä.
Valo uusista visioista,
jotka rakkaus meille avaa.

Rakkauden kutsu

Kun kutsuin rakkautta
Universum lähetti sinut
ja nanosekunnissa
kaikki oli niin hyvin selvää
ja kaunista.

Kuin kaikki askelet
olisivat johtaneet
juuri tähän hetkeen.

Epävarmuus,
joka ennen oli haitannut
oikeaa yhteyttä,
oli nyt poissa
ja sen tilalla
syvä ja hyvä tunne,
että tämä kaikki
on hyvää ja oikein.

Yhteisellä energiakentällä
kaksi elämän haavoittamaa,
mutta myös kasvattamaa
valmiina uuteen alkuun.
Uusi aamu uusin mahdollisuuksin.

Yksinäisyys

Yksinäisyys

on illuusio,

joka syntyy

kun olemme menettäneet yhteytemme

Universumin energiakenttään.

Yksinäisyys

on myös realiteetti,

koska olemme kaikki uniikkeja.

Vain yhteydessä voimme eheytyä

ja laajentaa elämäämme.

Yhteydessä toisiin ihmisiin,

yhteydessä Universumiin.

Yksin on paha olla,

jos sen perusta on yhteyden puute,

mutta vielä pahemmalta se tuntuu,

jos sen kokee muiden ihmisten keskellä.

Yksin olemme kaikki.

Vasta yhteys lajikumppaneihin

vapauttaa meidät siitä.

Kuitenkin me kaikki

olemme Universumin lapsia.
Tämän oivaltamalla

voimme liittyä kaltaisiimme.

Ei se kaikkien kanssa tietenkään samanlaista ole.

Oman tilan tarve

Ei mikään voi hyvin tyhjiössä.

Kaikki luonnossa

tarvitsee tilaa kasvaa

ja elää.

Helposti haluamme rakentaa häkin,

jossa pitää itsellämme

löytämämme aarteet.

Joskus tämä häkki voi olla jopa kultainen,

mutta se on silti häkki.

Vasta kun annamme tilaisuuden

kasvulle ja kehitykselle,

voimme vapaasti nauttia

aarteista,

joita elämä meille tarjoilee.

Antamalla tilaisuuden

rakkaudelle

vapautamme energiaa

sen kasvuun.

Kun se on aitoa,

se palaa aina takaisin

entistäkin puhtaampana

ja raikkaampana.

R niin kuin Rakkaus

Vaikka monet ulkoiset asiat

erottavatkin meitä,

yhteytemme luo läheisyyttä,

jonka ansiosta olen kuin kotona

juuri nytkin

kun sinua ajattelen.

Sinun kanssasi

samaan suuntaan

eri kokemuksin

haluan kokea tätä ääretöntä

Universumin ihmemaata.

Kuin aukeava lootuskukka

jokainen aamu

tarjoaa meille

uuden tilaisuuden.

Kun rakkauden valo

pääsee sydämiimme,

aarreaitta toisensa jälkeen

avautuu.

Kielimuurit ja rakkausmuurit

On monenlaisia muureja,

jotka erottavat meitä.

Useimmat turhia,

sillä aina ne myös estävät aidon yhteyden.

On myös niitä muureja,

jotka määrittävät elämämme niin,

että niillä torjumme kaiken meille vieraan.

Muurien takana

uskomme olevamme turvassa

kunnes todellisuus hyökkää sisään

ja huomaamme,

että reaktiota tarvitaan.

Jos silloin käymme taisteluun

tai kiellämme muurien olemassaolon,

suljemme itsemme maailmalta

entistäkin tiukemmin.

Hyvä kysymys onkin, miksi?

Kielimuurit

estävät kommunikoinnin.

Rakkausmuurit

estävät rakkauden.

Miksi?

Rakkauden alku

Haparoivin käsin
Harhailevin katsein
lähestymme toisiamme.

Niin paljon koettuja pettymyksiä
Harha-askelia.
Eri suuntiin
lopulta aina johtaen
ja vähitellen
usko perusturvallisuuteen
ihmissuhteessa
melkein kadonnut.

Monenlaisia ajatuksia
Ristiriitaisiakin.
Kierrämmekö edelleen ympyrää?
Sitä samaa, josta juuri toivuimme…

Vai uskallammeko vielä

ottaa askelen tuntemattomaan

luottaen siihen,

että rakkaus kantaa?

Että elämä kantaa

ja avaimen onneen antaa

meille

elämän kolhimille.

Aika

Kaikki aikanaan.

Joskus yritämme voittaa

ajan nopeuden

halutessamme jotain,

mihin emme ole vielä valmiita

syystä tai toisesta.

Kun oikeat voimat ohjaavat meitä,

kuljemme

joskus kuin itsestään

juuri oikeille lähteille.

Jos pelkäämme,

voimme menettää

juuri sen hetken,

joka voisi tuoda

toivomamme muutoksen.

Ja muutos on
pysyvin asia.
Pian tämäkin hetki
on menneisyyttä.

Ylimitoitetut toiveet
johtavat myös helposti
kauas eksyksiin
ja pettymysten kautta
poluille,
joissa rakkautta ei enää näy.

Rakkaus ei kuitenkaan katoa
Me katoamme
kun meidän aikamme lähteä tulee.

Siihen asti
rakkauden valo voi
olla polullamme.

Jotkut etsivät rauhaa
ja haluavatkin vaeltaa yksin.
Kumppanin kanssa
vaeltaminen
on kuitenkin erilaista
kun kaksi maailmaa kohtaa
samassa maailmassa.

Ei toki välttämättä helpompaa,
mutta antoisampaa.
Elämän perusturvaa
yhdessä lajikumppanin kanssa.
Mikäpä sen ihanampaa...

Raha

Monella tavalla
nykyajan uskonto
elämän arvottaja
ja
ihmisten mielen hallitsija.

Paljonko on tarpeeksi?
Milloin voimme vapautua
siitä kurjasta kierteestä,
johon rahan valta meidät
houkuttelee
joskus jo ani varhain?

Rahaa tarvitaan.
Sitä ei voi kieltää.
Sopivasti.
Ja se on yksilöllistä.

Jos parisuhteessa on

kaksi hyvin erilaista näkemystä

sopivasta määrästä

ja mikä on tarpeeksi,

rahasta helposti tulee

se, joka erottaa

jopa kaksi toisiaan aidosti rakastavaa.

Kosketus

Kosketit minua
ja minäkin sinua.
Virtuaalisesti etänä
kuten näinä aikoina on tapana.

Kuitenkin se oli
kuin Angel's Touch.
Kuin kauan kateissa olleet
Suojelusenkelini olisivat vihdoin
antaneet merkkejä olemassaolostaan.

Vuosien eksyksissä olon jälkeen
se hetki oli kuin
herääminen pitkästä unesta
ja vapautuminen kahleista,
jotka estivät
täyden elämän kokemisen.

Kun elämän perusturva
katosi joskus kauan sitten
ja vikasietotilassa
usein vain odotti jotain
odottamattoman pahaa tapahtuvaksi,
nyt tuntui, että palaset alkoivat löytää paikkansa.

Rakkaudet mahdollisuudet ja esteet

Kun kaksi ihmistä
aidosti rakastaa toisiaan,
pienet esteet
vain vahvistavat
rakkautta.

Kuitenkin,
ehkä tärkein hetki rakkaudessa
on kun alkuhuuma muuttuu
arkirealismiksi.
Silloin rakastuminen syvenee
rakkaudeksi,
tai katoaa kuin haituva tuuleen.

Vasta elävää ihmistä
-joskus vielä hyvin keskeneräistä-
voi rakastaa.

Utukuvat tulevat ja menevät.

Mutta kaunis voi olla sekin näky

kun yhteisessä aamiaispöydässä

istuu kaksi tasaveroista kumppania

valmiina elämän haasteisiin.

Suomen vinoutunut asuntopolitiikka

voi jo ajaa erilleen .

Menneisyyden demonit hyppäävät aina esiin.

Usein juuri silloin

kun juuri tuntuu kaikki kulkevan.

Epävarmuus

voi kylmettää jalat

eikä siinä tietenkään olekaan mitään outoa.

Onhan kyseessä hyppy tuntemattomaan.

Rakkaus ja pelko

kamppailemassa elintilasta.

Omat traumat

näkyvät helpoimmin

toisessa ihmisessä

ja siitä voikin sitten jo alkaa

melkoinen lumipalloefekti.

Mutta,

jos kaiken tämänkin jälkeen

ja aina uudelleen

haluaa jatkaa yhteisellä matkalla,

siitä voi tulla

kaunis ja hyvä

molemmille.

Rakkaus ja rakastuminen

Rakastuminen muistuttaa mielenhäiriötä,

mutta se voi olla myös

siemen, josta kasvaa rakkauden kukka.

Rakastumisen tilassa

kuitenkin rauha on järkkynyt

ja tilalle tullut huuma,

joka sekin on tietenkin myös

huumaava tunne.

Se kuitenkin,

kuten kokemukset opettavat

kestää vain aikansa.

Rakkaus taas on

Elämän voima.

Energiakenttä,

jolle päästyään

ei haluakaan enää

mitään muuta.